BEI GRIN MACHT SICH IHR WISSEN BEZAHLT

AF130042

- Wir veröffentlichen Ihre Hausarbeit,
  Bachelor- und Masterarbeit

- Ihr eigenes eBook und Buch -
  weltweit in allen wichtigen Shops

- Verdienen Sie an jedem Verkauf

Jetzt bei www.GRIN.com hochladen
und kostenlos publizieren

Bibliografische Information der Deutschen Nationalbibliothek:

Die Deutsche Bibliothek verzeichnet diese Publikation in der Deutschen National-
bibliografie; detaillierte bibliografische Daten sind im Internet über http://dnb.d-
nb.de/ abrufbar.

Impressum:

Copyright © 2017 GRIN Verlag, Open Publishing GmbH
Druck und Bindung: Books on Demand GmbH, Norderstedt Germany
ISBN: 9783668527584

Dieses Buch bei GRIN:

http://www.grin.com/de/e-book/374181/gruppentraining-planung-einer-kurseinheit

Elena Maier

Gruppentraining. Planung einer Kurseinheit

GRIN Verlag

GRIN - Your knowledge has value

Der GRIN Verlag publiziert seit 1998 wissenschaftliche Arbeiten von Studenten, Hochschullehrern und anderen Akademikern als eBook und gedrucktes Buch. Die Verlagswebsite www.grin.com ist die ideale Plattform zur Veröffentlichung von Hausarbeiten, Abschlussarbeiten, wissenschaftlichen Aufsätzen, Dissertationen und Fachbüchern.

Besuchen Sie uns im Internet:

http://www.grin.com/

http://www.facebook.com/grincom

http://www.twitter.com/grin_com

Deutsche Hochschule für
Prävention und Gesundheitsmanagement
Hermann Neuberger Sportschule 3
66123 Saarbrücken

Einsendeaufgabe

Fachmodul: Gruppentraining I

Studiengang: Fitnessökonomie

**Datum
Präsenzphase:** 20.06.2017 bis 23.06.2017

Name, Vorname: Maier, Elena

Studienort: **Stuttgart**

Semester: **WS2016**

Inhaltsverzeichnis

1 Motorische Fähigkeiten im Kursbereich

Die motorischen Fähigkeiten Kraft, Ausdauer, Beweglichkeit und Koordination haben einen hohen Stellenwert im Kursbereich. Im Folgenden werden diese Fähigkeiten genau definiert und anhand von Beispielen genauer dargestellt.

1.1 Kraft

1.1.1 Definition der Kraft

Die motorische Fähigkeit Kraft wird folgenderweise definiert:

„Kraftfähigkeit ist die konditionelle Basis für Muskelleistungen mit Krafteinsätzen, deren Werte über 30 Prozent der jeweils individuell realisierbaren Maxima liegen" (Martin, Carl & Lehnertz, 1993, S. 102; zitiert nach Eifler, 2016, S.21).

1.1.2 Erscheinungsformen der Kraft

Die motorische Fähigkeit Kraft erscheint in 3 verschiedenen Formen: Maximalkraft, Schnellkraft und Kraftausdauer. Im Folgenden werden die Unterschiede der Erscheinungsformen anhand deren Definition dargestellt:

„Die Maximalkraft ist die hochstmögliche realisierbare Kraft, die das Nerv-Muskel-System bei maximaler willkürlicher Kontraktion auszuüben vermag" (Martin et al., 1993, S. 103; zitiert nach Eifler, 2016, S. 22). Die Schnellkraft hingegen ist die Fähigkeit „innerhalb kürzester Zeit einen möglichst hohen Kraftstoß zu realisieren" (Martin et. al., 1993, S. 104; zitiert nach Eifler, 2016, S. 22). Die dritte Form der Kraft, die Kraftausdauer, „charakterisiert die Widerstandsfähigkeit gegen Ermüdung bei statischer oder dynamischer Arbeitsweise der Muskulatur gegen höhere Lasten (mehr als 30 Prozent der Maximalkraft)" (Martin et al., 1993, S. 107-108; zitiert nach Eifler, 2016, S. 22).

1.1.3 Übungsbeispiele für die motorische Fähigkeit Kraft

Im Kursbereich kann die motorische Fähigkeit Kraft gezielt trainiert werden. Unterschiedliche Faktoren (Wiederholungszahl, Belastungsreiz, Dauer der Belastung etc.) machen aus, welche der 3 Erscheinungsformen angesprochen wird. Im Folgenden werden zwei typische, im Kursbereich verwendete Übungen zum Trainieren der motorischen Fähigkeit Kraft dargestellt.

Kniebeugen im Stand:

Mit der Übung Kniebeugen im Stand werden vor allem die Gesäßmuskulatur und die Oberschenkelmuskulatur gestärkt.

Ausgangsposition: Die Füße werden hüftgelenksbreit aufgestellt. Die Zehen und die Knie zeigen leicht nach außen.

Bewegung: Die Kniegelenke werden aus dieser Position langsam gebeugt. Das Gesäß wird dabei nach hinten geschoben, der Oberkörper bleibt aufrecht und der Blick geht nach vorne.

Endposition: Das Kniegelenk hat einen Winkel von etwa 100°. Die Knie zeigen in die Richtung der Zehenspitzen, das Kniegelenk bleibt über dem Sprunggelenk hinter den Zehenspitzen.

Dann werden die Beine wieder gestreckt, bis die Ausgangsposition erreicht ist.

Diese Übung wird mit 20 Wiederholungen für 2 Sätze ausgeführt. Mit dieser Wiederholungszahl wird die Kraftausdauer trainiert.

Beinheben in Seitlage

Mit dieser Übung wird die Abduktorenmuskulatur gestärkt.

Ausgangsposition: Diese Übung startet in der Seitlage. Der Kopf liegt auf dem unteren, nach oben ausgestreckten Arm ab. Der Blick richtet sich nach vorne, das untere Bein ist zur Stabilisation ca. 90° gebeugt. Der obere Arm stützt sich vor dem Oberkörper ab, die Zehen sind angezogen.

Bewegung: Das obere, gestreckte Bein wird zur Decke hin abgespreizt. Der Bauch ist angespannt, der Kopf bleibt auf dem unteren Arm liegen.

Endposition: Das obere Bein hat einen Winkel von ca. 45° zum Boden. Das Becken ist stabil und nach vorne gerichtet, die Zehen sind angezogen.

Dann wird das Bein langsam und kontrolliert abgesenkt, bis kurz über den Boden. Ohne das Bein abzulegen wird diese Bewegung für 20 Wiederholungen und 2 Sätze durchgeführt. Diese Übung trainiert ebenfalls die Kraftausdauer.

1.2 Ausdauer

1.2.1 Definition Ausdauer

Die motorische Fähigkeit Ausdauer wird wie folgt definiert:

„Ausdauer ist die Fähigkeit, physisch und psychisch lange einer Belastung zu widerstehen, deren Intensität und Dauer letztendlich zu einer unüberwindbaren (manifesten) Ermüdung (=Leistungseinbuße) führt, und/oder sich nach physischen und psychischen Belastungen rasch zu regenerieren" (Zintl, 1997, S. 28; zitiert nach Eifler, 2016, S. 24).

1.2.2 Untergliederung der Ausdauer

Die Ausdauer kann in folgende Untergliederungen aufgeteilt werden:

- Aerobe und anaerobe Ausdauer

  Bei der aeroben Ausdauer erfolgt die Energiebereitstellung in den Mitochondrien durch die oxidative Verbrennung von Kohlenhydraten und Fettsäuren. Bei der anaeroben Ausdauer erfolgt die Energiebereitstellung in der Muskelzelle ohne Sauerstoff (Eifler, 2016, S. 26).

- Allgemeine und lokale Ausdauer

  Die allgemeine und lokale Ausdauer hängt von der Größenordnung der eingesetzten Muskulatur ab (Eifler, 2016, S. 25). Wird ein Großteil der Muskulatur (mehr als 1/6 der Skelettmuskulatur) eingesetzt, so spricht man von allgemeiner Ausdauer. Werden hingegen nur wenige Muskeln eingesetzt (unter 1/6 der Skelettmuskulatur, so spricht man von lokaler Ausdauer (Eifler, 2016, S.25).

- Dynamische und statische Ausdauer

  Je nach Muskelarbeitsweise wird zwischen dynamischer und statischer Ausdauer unterschieden (Eifler, 2016, S. 26). Werden dynamische Bewegungen durchgeführt, so spricht man von dynamischer Ausdauer. Arbeitet ein Muskel nur unter Haltearbeit, also statisch, so spricht man von statischer Ausdauer.

- Kurzzeit-, Mittel- und Langzeitausdauer (KZA, MZA, LZA)

  Wie der Name schon sagt, kann die Ausdauer unter dem Aspekt der Belastungsdauer in weitere Ausdauerformen unterschieden werden.

  Die KZA hat eine Dauer von 25 s - 2 min, die MZA 2-10 min und die LZA trifft ab einer Dauer von 10 min zu (König, 2000, S. 6-7).

1.2.3 Bewegungsformen/Schritte für die motorische Fähigkeit Ausdauer

Im Kursbereich kann die Ausdauerleistungsfähigkeit vielseitig trainiert werden. Im Folgenden werden zwei Bewegungsformen mit denen die Ausdauerleistungsfähigkeit trainiert werden kann genauer dargestellt:

Indoor Cycling:

Die angesprochenen Ausdauerformen im Aerobic sind:

- Allgemeine Ausdauer (mehr als 1/7 der Skelettmuskulatur wird beansprucht)
- Aerobe Ausdauer (Die Energiebereitstellung erfolgt auf aerobem Weg)
- Dynamische Ausdauer (Die Arbeitsweise der Beinmuskulatur ist dynamisch)
- Langzeitausdauer (Die Dauer von Indoor Cycling beträgt meist 60-90 min)

Beim Indoor Cycling wird das Radfahren auf der Straße mittels stationären, individuell verstellbaren Rädern simuliert. Mittels einer Feststellbremse können Berganstiege und Talabfahrten simuliert werden. So kann das Training in der freien Natur nachempfunden werden. Die Kurse werden von ausgebildeten Trainern gegeben und mit motivierender Musik begleitet (Eifler, 2016, S. 104).

Step Aerobic:

Die angesprochenen Ausdauerformen im Step Aerobic sind:

- Allgemeine Ausdauer (mehr als 1/7 der Skelettmuskulatur wird beansprucht)
- Aerobe Ausdauer (Die Energiebereitstellung erfolgt auf aerobem Weg)
- Dynamische Ausdauer (Schritte und Bewegungen werden dynamisch durchgeführt)
- Langzeitausdauer (Die Dauer von Step Aerobic beträgt meist 60 min).

Beim Step Aerobic handelt es sich um ein gelenkschonendes Training, das den Teilnehmern eine gute Mischung zwischen Ausdauer, Kraft und Koordination bietet. Das Ausdauertraining steht dabei im Vordergrund. Im Gegensatz zum reinen Aerobic steigen die Teilnehmer im Rhythmus zur Musik auf höhenverstellbare Plattformen auf und ab (Eifler, 2016, S. 101).

1.3 Beweglichkeit

1.3.1 Definition der Beweglichkeit

Die motorische Fähigkeit Beweglichkeit wird wie folgt definiert:

„Beweglichkeit ist die Fähigkeit, Bewegungen willkürlich und gezielt mit der erforderlichen bzw. optimalen Schwingungsweite der beteiligten Gelenke ausführen zu können" (Martin et al., 1993, S. 214; zitiert nach Eifler, 2016, S. 29).

1.3.2 Einflussnehmende Faktoren auf die Beweglichkeit

Die Beweglichkeit wird von vielen verschiedenen Faktoren beeinflusst. Mögliche Faktoren sind unter anderem die Gelenkigkeit, die Dehnfähigkeit, das Alter, das Geschlecht, die Psyche, die Temperatur und die Tageszeit (Eifler, 2016, S. 29-30).

1.3.3 Dehnübungen für die motorische Fähigkeit Beweglichkeit

Die motorische Fähigkeit Beweglichkeit kann im Kursbereich mit verschiedenen Übungen trainiert werden. Im Folgenden werden zwei Übungen genauer erklärt.

Dehnen der Beinbeugermuskulatur:

Die Ausgangsposition der Übung ist der Stand. Beide Beine sind leicht gebeugt. Ein Bein wird nach vorne in die Schrittstellung aufgesetzt. Das vordere Bein ist gestreckt, nur die Ferse hat Kontakt zum Boden, die Zehen sind angezogen. Das hintere Bein bleibt leicht gebeugt, der Fuß steht mit der ganzen Fußsohle auf dem Boden. Nun wird der Oberkörper leicht nach vorne geneigt. Das Gesäß schiebt nach hinten und der Rücken zieht sich lang.

Um den Dehneffekt zu vergrößern, kann der Oberkörper weiter nach vorn geneigt werden. Nach ca. 30 s werden die Beine gewechselt: Der Oberkörper richtet sich langsam auf, das vordere Bein stellt sich neben das hintere Bein in die Ausgangsposition. Dasselbe wird nun für das andere Bein durchgeführt.

Bei dieser Übung handelt es sich um eine aktive Dehnübung: Die Beinstreckermuskulatur (Antagonist) wird gespannt, die Beinbeugermuskulatur (Agonist) wird dadurch gedehnt. Außerdem handelt es sich um eine statische Dehnübung, da keine dynamische Bewegung während dem Dehnen ausgeführt wird.

Dehnung der Brustmuskulatur

Ausgangsposition der Übung ist der Stand.

Beide Hände werden hinter dem Rücken verschränkt. Die Handflächen zeigen nach hinten. Die gestreckten Arme ziehen aktiv nach oben. Der Oberkörper bleibt aufrecht, die Schultern ziehen tief.

Die Arme werden im Wechsel leicht abgesenkt und wieder angehoben. Zum Verlassen der Dehnposition werden die Arme abgesenkt und die Hände gelöst.

Bei dieser Dehnung handelt es sich um eine aktive Dehnübung: Die Rückenmuskulatur (Antagonist) kontrahiert, die Brust (Agonist) wird gedehnt. Außerdem handelt es sich um eine dynamische Dehnübung, da die Arme im Wechsel angehoben und gesenkt werden.

1.4 Koordination

1.4.1 Definition der Koordination

Die motorische Fähigkeit Koordination wird folgenderweise definiert:

„Aus neuromuskulärer Sicht bezeichnet die Koordination das Zusammenwirken von Zentralnervensystem und Skelettmuskulatur innerhalb eines gezielten Bewegungsablaufes" (Hollmann & Hettinger, 1990, S. 143; zitiert nach Eifler, 2016, S. 32).

1.4.2 Unterschiede der intramuskulären und intermuskulären Koordination

Eifler (2016, S. 33-34) beschreibt die intramuskuläre Koordination als „die Rekrutierung der einzelnen motorischen Einheiten innerhalb eines Muskels auf neuronaler Ebene bei einem Bewegungsablauf" wohingegen er die intermuskuläre Koordination als „das gezielte Zusammenwirken von Agonisten, Synergisten und Antagonisten bei einem Bewegungsablauf" beschreibt.

1.4.3 Übungsbeilspiele für die motorische Fähigkeit Koordination

Die motorische Fähigkeit Koordination kann im Kursbereich durch verschiedene Übungen verbessert werden. Im Folgenden werden zwei Übungen zur Verbesserung der Koordination genauer erläutert.

Kniebeugen im Ausfallschritt:

Ausgangsposition der Übung ist der Ausfallschritt.

Der Körperschwerpunkt wird langsam zum Boden hin abgesenkt. Beide Kniegelenke beugen sich, bis das hintere Knie fast den Boden berührt. Das vordere Knie bleibt hinter den Zehenspitzen und hat einen Winkel von ca. 90°. Nun werden beide Knie wieder gestreckt, bis die Ausgangsposition erreicht ist.

Diese Übung fordert die intramuskuläre Koordination des großen Gesäßmuskels, des vierköpfigen Oberschenkelmuskels, des zweiköpfigen Oberschenkelmuskels, des Plattsehnenmuskels und des Halbsehenmuskels.

Diagonales Arm- und Beinheben im Vierfüßlerstand:

Ausgangsposition der Übung ist der Vierfüßlerstand. Ein Bein wird vom Boden abgehoben und mit gestrecktem Kniegelenk nach hinten als Verlängerung des Rückens ausgestreckt. Der diagonale Arm wird nach vorne in Verlängerung des Rückens ausgestreckt. Nun wird das gestreckte Bein mit gewinkeltem Kniegelenk angezogen, parallel dazu auch der Arm mit angewinkeltem Ellenbogengelenk, bis sich das Knie- und Ellenbogengelenk unter dem Körper berühren. Der Blick bleibt zum Boden gerichtet, der Hals bleibt in Verlängerung der Wirbelsäule, der Rücken bleibt gerade. Nun werden der Arm und das Bein wieder in die Verlängerung des Rückens gestreckt.

Diese Übung fordert die intramuskuläre Koordination der autochthonen Rückenmuskulatur, des Deltamuskels (hinterer Anteil), des großen Gesäßmuskels, des zweiköpfigen Oberschenkelmuskels, des Plattsehnenmuskels und des Halbsehenmuskels.

2 Externe Bedingungen einer Kurseinheit

2.1 Rahmenbedingungen

Die Ausstattung: Für die Kursplanung ist es notwendig zu wissen, welche Ausstattung dem Kursleiter zur Verfügung steht. Dazu zählen die Musikanlage, die Kleingeräte und deren Anzahl (Eifler, 2016, S. 70-71).

- Für einen TRX-Kurs werden entsprechende Vorrichtungen in einem Kursraum benötigt (TRX-Gerüst oder Verankerungen in der Decke). Sind diese Vorrichtungen nicht vorhanden, kann ein solcher Kurs nicht durchgeführt werden.

Das Klima und die Tageszeit: Der Kursverlauf kann vom Klima entscheidend beeinflusst werden, da sich Hitze, Regen, extreme Kälte oder auch Föhn negativ auf wetterfühlige Kursteilnehmer auswirken können. Für viele ist auch die Tageszeit entscheidend dafür die Leistung (Eifler, 2016, S. 71).

- Bei Sommertemperaturen kann große Hitze im Kursraum entstehen. Viele Kursteilnehmer bekommen dann Kreislaufprobleme. Deshalb sollte der Kursleiter einen den Temperaturen entsprechenden Kurs planen, um den Kreislauf der Teilnehmer zu schonen.

2.2 Zielgruppe

Die Gruppengröße: Je nach Raumgröße und den vorhandenen Kleingeräten muss die Gruppengröße angepasst werden. Außerdem muss die Gruppengröße dem Kursinhalt abgestimmt werden bezüglich eventuell notwendiger Korrekturen (Eifler, 2016, S. 71).

- Eine Yoga-Stunde, bei der die Korrektur der Teilnehmer sehr wichtig ist, sollte eine beschränkte Teilnehmerzahl haben, um die persönliche Betreuung der Teilnehmer zu garantieren.

Das Alter: Je nach Altersgruppe muss das Kursformat, das Kursziel und der Inhalt entsprechend ausgelegt sein (Eifler, 2016, S. 71).

- Ein Rücken Fit Kurs, dessen Zielgruppe Senioren ab 60 Jahren ist, sollte von dem Schwierigkeitsgrad und der Musik an die Teilnehmer angepasst sein. Viele Senioren haben altersbedingte Einschränkungen, die im Kurs nicht vernachlässigt werden dürfen.

2.3 Zielsetzung

Die Übungsauswahl und die Gestaltung des Hauptteils orientieren sich an der Zielsetzung einer Stunde. Das Warm-up und das Cool-down orientieren sich wiederum am Hauptteil. Die Ziele eines Kurses müssen der Zielgruppe angepasst werden. Bei Kursen, für die bereits ein Ziel vorgesehen ist, muss die Zielgruppen deutlich kommuniziert werden. Diese Ziele werden in langfristige bzw. allgemeine (Verbesserung der motorischen Fähigkeiten) und kurzfristige bzw. spezielle (unmittelbare Ziele für die Kursstunde) Ziele unterschieden (Eifler, 2016, S. 72)

- Bsp. 1: Die Wirbelsäulengymnastik ist ein gesundheitsorientierter Kurs. Dementsprechend muss der Kursleiter sowohl die kurzfristigen (Mobilisierung der Wirbelsäule etc.) als auch langfristigen Ziele (Kräftigung des Rückens oder Rumpfes, Beheben von Rückenschmerzen) genau planen.

- Bsp. 2: Für lizenzierte Programme, wie Hot Iron, in denen die Zielgruppe bereits definiert ist, ist es wichtig, diese Zielgruppe zu kommunizieren (für Senioren mit Bewegungseinschränkungen wäre dieser Kurs nicht geeignet).

3 Kursplananalyse

Folgende Abbildung zeigt den Kursplan eines Studios für Fitness- und Rehatraining:

KURSPLAN 2017

MONTAG	DIENSTAG	MITTWOCH	DONNERSTAG	FREITAG	SAMSTAG	
			10.00 – 11.00 RückenFit WSG * Daniel			
17.15 – 17.45 Bauchkiller ** Julia					13.00 – 14.00 Pimp-your-Body *** Carmelo	
17.45 – 18.15 Rücken Power ** Julia			18.00 – 18.30 Rücken Power ** Carmelo		14.00 – 14.30 Bauchkiller ** Carmelo	
18.15 – 19.15 Yoga ** Julia	18.00 – 19.00 Bodyforming ** Julia	18.00 – 19.00 Pimp-your-Body *** Julia	18.30 – 19.00 Bauchkiller ** Carmelo			
	19.00 – 20.00 Yoga ** Julia	19.00 – 20.00 Spin Racing *** Julia	19.00 – 20.00 Power-Zirkel *** Carmelo	19.00 – 20.00 Spin Racing ** Carmelo		
						* = leicht ** = mittel *** = schwer

Abb. 1: Kursplan (H2 Studio für Fitness- und Rehatraining, 2017)

Öffnungszeiten des Studios:

Montag, Mittwoch, Freitag: 09:00-23:00 Uhr

Dienstag, Donnerstag: 08:00-23:00 Uhr

Samstag, Sonntag: 10:00-17:00 Uhr

3.1 Wirtschaftliche Sichtweise

Auslastung des Kursraumes

Der Kursraum dieser Anlage wird deutlich zu wenig ausgenutzt. Es wird kein spezielles Vormittagsprogramm angeboten, lediglich eine Stunde pro Woche am Morgen. Auch am Abend werden unter der Woche keine Kurse bis drei Kurse angeboten, was deutlich zu wenig ist. Sonntags werden gar keine Kurse angeboten. Dem Studio steht der Kursraum während den Öffnungszeiten 86 Stunden zur Verfügung, genutzt werden davon gerade einmal 12 Stunden. Dies ist deutlich zu wenig.

Besser wäre es, den Raum jeden Morgen mit Kursen zu belegen. Dort ist mit hohen Teilnehmerzahlen zu rechnen und der Raum wird gut ausgenutzt. In den ruhigen Vormittagsstunden wäre der Raum durch Vermietungen an Kooperationen effizienter genutzt. Am Wochenende können sowohl morgens als auch abends Kurse angeboten werden, um den Kursraum zu belegen. In den Mittagsstunden der Wochenenden kann der Kursraum für Wochenendseminare, Vorträge oder für Specials genutzt werden. So ist der Kursplan effizient und erzielt eine hohe Rendite.

3.2 Organisatorische Sichtweise

Studiospezifische Zeiten: Auf studiospezifische Zeiten wird in diesem Kursplan keine Rücksicht genommen. Die Kurse beginnen einige Stunden nach der Öffnung und enden einige Stunden vor der Schließung.

Besser wäre es, die Kurse eher mit den Öffnungszeiten abzugleichen. Ca. 15 min nach Öffnung können die Kurse bereits beginnen, ebenso können die Kurse bis zu 15 min vor Schließung enden. So kann eine große Besucherzahl im Studio besser abgepuffert werden, da sich die Teilnehmer besser im Studio verteilen (Eifler, 2016, S.146).

Wochenendprogramm: Die Kursauslastung am Wochenende ist sehr gering. Sind die Kurse gut besucht, sollte das Angebot breiter aufgestellt werden, um den Kunden weitere Optionen für die Teilnahme an Kursen zu bieten. Sollten die Kurse weniger gut besucht sein, kann durch Specials ein attraktives Angebot für Kunden geschaffen werden, um sie auch am Wochenende in das Studio zu locken (Eifler, 2016, S. 147).

Pausen zwischen den Kursen: Zwischen den Kursstunden sind keine Pausen vorgesehen. Das kann zu einem Durcheinander und zu Verschiebungen im Kurs sorgen. Besser wäre es, 5-10 min zwischen jedem Kurs als Pause einzuplanen. So kann der vorige Kurs entspannt abgebaut werden und der folgende Kurs kann in Ruhe aufgebaut werden.

3.3 Trainingswissenschaftliche Sichtweise

Leistungsstufen: Für die verschiedenen Kurse werden drei Leistungsstufen angeboten: leicht, mittel und schwer. Damit wird den Teilnehmern ein größtmöglicher Erfolg garantiert und deren Motivation erhöht. Um die Kurse auch für Neumitglieder interessant zu gestalten, könnten zusätzlich spezielle Einführungskurse angeboten werden (Eifler, 2016, S. 148).

Kursdauer: Die Kursdauer liegt zwischen 30 min – 60 min pro Kurs. Kurse, die gezielt eine Muskelgruppe trainieren, haben eine Dauer von 30 min. Dieses Model ist sehr effektiv und beliebt bei den Teilnehmern (Eifler, 2016, S. 148). In dieser Zeit wird die Muskelgruppe intensiv trainiert, ist aber noch nicht übermüdet. Kurse, die mehrere Muskelgruppen fordern oder die aerobe Ausdauer trainieren, haben eine Dauer von 60 min. Auch diese Dauer ist angebracht, um die aerobe Ausdauer wirklich zu beanspruchen (Eifler, 2016, S. 146) und/oder um auf die wichtigsten Muskelgruppen eingehen zu können. Zusätzlich können Kurse wie Spin Racing auch über einen längeren Zeitraum (z.B. 90 min) angeboten werden, um die Ausdauer über einen längeren Zeitraum zu trainieren.

4 Planung einer Wirbelsäulengymnastik

Im Folgenden wird die Planung einer 45-minütigen Kurseinheit zum Thema Wirbelsäulengymnastik, die in einem Fitness- und Gesundheitsstudio durchgeführt wird, dargestellt.

4.1 Zielgruppe

Tab. 1: Zielgruppe der Wirbelsäulengymnastik (WSG)

Gruppengröße:	8 Teilnehmer
Geschlecht:	6 weibliche Teilnehmer, 2 männliche Teilnehmer
Alter:	Zwischen 25 - 40 Jahren
Leistungslevel:	Fortgeschrittene

Vorkenntnisse:	Krafttraining mindestens einmal wöchentlich seit mindestens zwei Jahren. Wöchentliche Teilnahme an der Wirbelsäulengymnastik seit mindestens einem Jahr.

4.2 Material

Für die Wirbelsäulengymnastik wird lediglich eine Gymnastikmatte und ein Handtuch benötigt.

4.3 Stundenplanung

Im Folgenden wird der Stundenverlauf für die Wirbelsäulengymnastik dargestellt:

Tab. 2: Phase 1: Einleitung

Einleitung: 10 Minuten

Begrüßung (2 Minuten ohne Musik)

Allgemeine Erwärmung (4 Minuten, Musik 128 bpm)

Ziel der Übung	Übungsbezeichnung / Name der Übung	Übungsbeschreibung	Belastungsgefüge	Bemerkungen / Hinweise
Mentale Einstellung, Taktgefühl	March + Walking Arms		4 Phrasen	Vom Fußballen zur Ferse abrollen.
Erwärmung Herz-Kreislaufsystem, Mobilisierung Schultergelenke	Side to side + Schulterkreisen	Side to Side re./li. Schultern kreisen im Takt.	4 Phrasen Schulterkreisen nach vorn; 4 Phrasen Schulterkreisen nach hinten	Gesäß zieht tief; Fuß vom Fersen zu den Zehen abrollen.
Aktivierung der Armmuskulatur, Erwärmung, Herz-Kreislauf-System,	Side to side + Rowing arms	Side to Side re./li.; dazu Rowing Arms	8 Phrasen	Gesäß zieht tief; Fuß vom Fersen zu den Zehen abrollen.
Aktivierung der Rumpfmuskulatur, Erwärmung Herz-Kreislauf-System	Side to side + Overheadreach	Side to Side re./li.; dazu Overheadreach re./li. einarmig	8 Phrasen	Die Arme sind bei der Bewegung über den Kopf gestreckt., Fuß vom Fersen zu den Zehen abrollen.
Zurück in den Takt kommen, Einstimmung auf den nächsten Schritt	March + Walking Arms	Marschieren auf der Stelle; die Arme werden leicht mitgeschwungen	4 Phrasen	Vom Fußballen zur Ferse abrollen.
Aktivierung der Beinmuskulatur, Erwärmung Herz-Kreislauf-System,	Step touch + Klatschen	Step Touch re./li.; dazu klatschen	8 Phrasen mit Klatschen	
Erwärmung Herz-Kreislauf-System	Double Step touch + Klatschen	Double Step Touch re./li.; dazu klatschen	8 Phrasen	Variationen: doppelt klatschen, hoch oder tief klatschen; Fuß vom Fersen zu den Zehen abrollen.
Koordination, Erwärmung Herz-Kreislauf-System	Grapevine + Klatschen	Grapevine re./li.; dazu klatschen	8 Phrasen	Variationen: doppelt klatschen, hoch oder tief klatschen; Fuß vom Fersen zu den Zehen abrollen.
Koordination, Erwärmung Herz-Kreislauf-System	Grapevine + Klatschen + Sprung	Grapevine re./li. mit Sprung und klatschen	8 Phrasen	Variationen: doppelt klatschen, hoch oder tief klatschen

Spezielle Erwärmung (4 Minuten)

Ziel der Übung	Übungsbezeichnung / Name der Übung	Übungsbeschreibung	Belastungsgefüge	Bemerkungen / Hinweise
Mentale Einstellung, Mobilisation HWS (Extension / Flexion), bewusstes Atmen	Bewusst Atmen mit Flexion / Extension HWS	Stand; Arme zur Decke strecken, Blick zur Decke, Kopf nach hinten neigen. Dann ausatmen, Arme senken, Blick zum Boden, Kopf nach unten neigen.	4 Atemzüge	Tiefe Atmung in den Bauch
Öffnung des Rippenbogens	Äpfelpflücken	Arme zur Decke strecken. Abwechselnd mit linkem und rechtem Arm langziehen.	8 Wiederholungen auf jeder Seite	Hinweis für die Teilnehmer: „Pflücke mit deinen Händen Äpfel von einem hohen Baum."
Mobilisation HWS (Rotation)	Nein-Sagen	Stand; Kopf rotiert von der re. zur li. Seite, Blick wandert mit.	6 Wiederholungen pro Seite	Hinweis für die Teilnehmer: „Mache eine langsame Nein-Bewegung mit deinem Kopf."
Mobilisation HWS (Lateralflexion)	Seitneigen HWS	Kopf zieht abwechselnd zur re. und li. Schulter.	6 Wiederholungen pro Seite	Blick ist nach vorne gerichtet
Mobilisation LWS	Hüftkreisen	Kreisende Bewegung in der Hüfte	8 Wiederholungen rechts, 8 Wiederholungen links	Hüftbreiter Stand, Knie leicht gebeugt.
Mobilisation LWS + BWS (Extension + Flexion)	Katze-Kuh stehend	Becken vor / zurück Kippen (LWS), dann Bewegung vergrößern: Hohlkreuz und runder Rücken im Wechsel	8 Wiederholungen LWS 8 Wiederholungen LWS + BWS	Hüftbreiter Stand, Knie leicht gebeugt, Hände stützen auf Oberschenkel.
Mobilisation LWS + BWS (Rotation)	Rotation Wirbelsäule	Oberkörperrotation re./li. Arme langsam mitnehmen: Auf der re. Seite zieht der re. Arm nach hinten Richtung Boden, der li. Arm macht das selbe auf der li. Seite.	8 Wiederholungen pro Seite ohne Arme, 8 Wiederholungen pro Seite mit Arme	Hüftbreiter Stand, Knie leicht gebeugt; Hände greifen vor der Brust ineinander.
Mobilisation BWS + LWS (Lateralflexion)	Lateralflexion BWS + LWS	Overheadreach re./li. einarmig	4 Wiederholungen pro Seite.	Hüftbreiter Stand, Knie leicht gebeugt. Durchführung ist dynamisch.

Tab. 3: Phase 2: Hauptteil

Hauptteil: 25 Minuten

Ziel der Übung	Übungsbezeichnung/ Name der Übung	Übungsbeschreibung	Belastungsgefüge	Bemerkungen / Hinweise
Kräftigung der rückseitigen Rumpfmuskulatur	Armanziehen im Stand mit vorgebeugtem Oberkörper (dynamisch)	Hüftgelenksbreiter Stand; Beine ca. 120° gebeugt; Hüfte im 90° Winkel; Arme in Verlängerung zum Rücken nach oben strecken und zurück in die U-Position (Ellenbogen auf Schulterhöhe, Schulterblätter ziehen zusammen) ziehen.	3 x 15 Wiederholungen „Aktive" Pause: Die Position wird nicht verlassen. Es folgt nach jedem Satz ein Satz von Übung 2 (Satz 1 Übung 1, Satz 1 Übung 2, Satz 2 Übung 1, Satz 2 Übung 2, Satz 3 Übung 1, Satz 3 Übung 2)	Dynamische Ausführung: Wechsel der Arme zischen Streckung und U-Position; Rücken bleibt in der natürlichen Doppel-S-Form
Kräftigung der rückseitigen Rumpfmuskulatur	Vorgebeugter Oberkörper (dynamisch)	Hüftgelenksbreiter Stand; Beine ca. 120° gebeugt; Arme sind in der U-Position; Oberkörper beugt sich langsam vor (max. 90° in der Hüfte) und hebt sich wieder (max. 110° in der Hüfte).	3 x 15 Wiederholungen „Aktive Pause" (siehe oben)	Rücken bleibt in der natürlichen Doppel-S-Form

Ziel der Übung	Übungsbezeichnung/ Name der Übung	Übungsbeschreibung	Belastungsgefüge	Bemerkungen / Hinweise
Kräftigung der unteren Rumpfmuskulatur	Wirbelsäulen-Rotation im Kniestand (dynamisch)	Kniestand; Knie hüftgelenksbreit; Hände im Nacken falten; Oberkörper 30-45° nach vorn neigen; Ellenbogen zeigen nach außen. Oberkörper wird bis zur max. Endposition zur Seite rotiert, anschließend zurück in die Ausgangsposition.	3 x 15 Wiederholungen nach rechts 3 x 15 Wiederholungen nach links „Aktive Pause", nach jedem Satz zur rechten Seite folgt ein Satz zur linken Seite	Rückengerecht tiefgehen; Grundspannung im Bauch und im Gesäß beibehalten
Kräftigung der Gesäß- und rückseitigen Rumpfmuskulatur	Diagonales Arm- / Beinheben in Vierfüßlerstand	Vierfüßlerstand; Handflächen unter den Schultergelenken; ein Bein abheben und mit gestrecktem Kniegelenk nach hinten in Verlängerung des Rückens ausstrecken; diagonaler Arm ebenfalls abheben und in Verlängerung des Rückens ausstrecken	3x 15 Wiederholungen rechtes Bein / linker Arm 3 x 15 Wiederholungen linkes Bein / rechter Arm „Aktive Pause", die Seiten werden nach jedem Satz ohne Pause gewechselt	Blick bleibt zum Boden gerichtet, Rücken bleibt gerade
Kräftigung der rückseitigen Rumpfmuskulatur	Armheben in Bauchlage (dynamisch)	Bauchlage; Arme in U-Haltung neben dem Kopf halten; Oberkörper leicht abheben; Arme Richtung Decke anheben, Schulterblätter Richtung Wirbelsäule zusammenziehen; absenken; wiederholen	3 x 15 Wiederholungen, 20 s Pause	Oberkörper ca. 5 cm anheben; Blick Richtung Boden; um die Schwierigkeit zu erhöhen die Beine mit anheben
Kräftigung der seitlichen Rumpfmuskulatur	Seitzstütz (dynamisch)	Seitstütz; Oberkörper stützt auf dem Ellenbogen (direkt unter der Schulter); Hüfte bleibt gestreckt; Blick richtet sich nach vorne. Das Becken maximal vom Boden nach oben anheben; langsam bis knapp über den Boden absenken; wiederholen.	15 Wiederholungen rechts 15 Wiederholungen links Nach jedem Satz Seitenwechsel ohne Pause	Um die Übung zu erleichtern, Unterschenkel auf dem Boden ablegen; Kniegelenke sind ca. 90° gebeugt.
Kräftigung der rückseitigen Muskelgruppen	Beckenanheben zur Schulterbrücke	Rückenlage; Beine anwinkeln und Füße aufstellen; Arme seitlich neben dem Oberkörper ablegen. Becken vom Boden abheben, bis die Oberschenkel und der Oberkörper eine Linie bilden, dann Becken bis kurz über den Boden absenken; wiederholen.	3 x 15 Wiederholungen 20 s Pause	Blick zur Decke

Schlussteil: 10 Minuten

Cool-down 1: Entfällt, da die Herz-Kreislauftätigkeit, der Puls und die Körpertemperatur bereits im Hauptteil durch die Anordnung der Übungen in den Ausgangszustand zurückgebracht wurden.

Cool-down 2:

Mentale Beruhigung, Entspannung, bewusste Körperwahrnehmung	Körperreise	Die Teilnehmer liegen in Rückenlage auf der Gymnastikmatte.		Die Teilnehmer nehmen ihren Körper bewusst war, der Körper entspannt.

Text der Körperreise: Lege dich mit dem Rücken auf die Matte und mach es dir bequem. Lass deine Füße nach außen fallen und schließe deine Augen. Sei in Gedanken bei dir, höre auf deinen gleichmäßigen Atem. Erkunde nach und nach deinen Körper. Nimm ihn war und entspanne deine gesamte Muskulatur.
Richte deine Aufmerksamkeit langsam auf deine Hände. Nimm die Spannung aus jedem deiner Finger. Nun wandere deinen Armen entlang nach oben. Entspanne deine Unter- und Oberarme, lasse sie tief in den Boden sinken. Achte langsam auf deine Schultern. Lasse auch sie tief und entspannt in die Matte sinken. Gehe nun über die Schultern zum Nacken. Spüre die Wärme, die durch deinen Körper fließt. Wandere Wirbel für Wirbel in Richtung der Hüfte. Entspanne deinen Rücken. Lass ihn ganz sanft in den Boden sinken. Spüre die Entspannung in deiner Brust und deinem Bauch. Richte nun deine Aufmerksamkeit auf deine Oberschenkel. Spüre, wie die Spannung nachlässt. Auch deine Waden entspannen sich. Genieße die Wärme und die Entspannung in deinem ganzen Körper. Auch dein Gesicht ist Entspannt. Deine Lippen liegen sanft aufeinander, deine Augen sind noch immer geschlossen. Gönne ihm die Ruhe nach dieser Anstrengung. Atme tief in den Bauch und atme langsam wieder aus. Lass dich von deinen Gedanken treiben.
Nun komm langsam deine Finger. Lass die Bewegung bis zu deinen Schultern nach oben gehen. Bewege auch langsam deine Zehen. Mach die Bewegung größer, lass die Bewegung bis zur Hüfte gehen. Räkle und strecke dich, aktiviere langsam deine Muskulatur. Öffne langsam deine Augen, nimm den Raum um dich herum wahr. Roll dich langsam zur Seite und komme ins Sitzen. Steh langsam und rücken gerecht auf. Atme noch ein letztes Mal tief ein. Erwecke deine Lebensgeister und starte fit in den Rest des Tages.

Verabschiedung

4.4 Begründung

Die festgelegte Reihenfolge im Hauptteil knüpft an das Warm-up und das Cool-down an. Beim Warm-up befinden sich alle Teilnehmer im Stand. Diese Position gilt für die ersten beiden Übungen. Ausgangsposition 3 ist der Kniestand. Somit nähern sich die Teilnehmer allmählich dem Boden. Dem Kniestand der dritten Übung 3 folgt die Ausgangsstellung von Übung 4; der Vierfüßlerstand. Von dieser Position ist es sehr einfach, die Ausgangsstellung für Übung 5 einzunehmen; die Bauchlage. In Übung 6 befinden sich die Teilnehmer in Rückenlage, das heißt die Teilnehmer müssen sich nur drehen. Diese Position wird auch gleich für Übung 7 übernommen. Die Ausgangslage für das Cool-down ist die Rückenlage. Nach Ausführung der letzten Übung des Hauptteils können die Teilnehmer direkt liegen bleiben. Die Übungen sind deshalb so gezielt aufeinander abgestimmt, um den Teilnehmern viele Positionswechsel zu ersparen und die Übungen fließend überzuleiten. Die Übungen sind auch vom Schwierigkeitsgrad aufeinander abgestimmt. Begonnen wird der Hauptteil mit den anspruchsvollsten Übungen. Je mehr man sich im Verlauf des Hauptteils dem Boden nähert, umso einfacher werden die Übungen. Dies hat den Sinn, die Herz-Kreislauf-Tätigkeit zu normalisieren und den Puls und die Körpertemperatur zu senken. Dadurch entfällt das Cool-down I im Schlussteil und es kann direkt mit der Körperreise begonnen werden.

5 Literaturverzeichnis

Eifler, C. (2016). *Studienbrief Gruppentraining I* (Rev. 15.019.000). Saarbrücken: Deutsche Hochschule für Prävention und Gesundheitsmanagement.

H2 Studio für Fitness- und Rehatraining. (2017). *Kursplan 2017*. Zugriff am 25.06.2017. Verfügbar unter: https://www.h2-ulm.de/kursplan/

6 Abbildungs- und Tabellenverzeichnis

6.1 Abbildungsverzeichnis

6.2 Tabellenverzeichnis